しらべよう！
世界の料理
4

西アジア
アフリカ

サウジアラビア
トルコ
エジプト
ナイジェリア ほか

監修・著／青木ゆり子
編／こどもくらぶ

はじめに

「食文化」とは、食べ物に関する文化のことです。

食文化は、いろいろな要素が影響しあってはぐくまれます。

はるか昔からその土地に伝統として伝えられてきたもの。その土地の気候・風土、産物、歴史、宗教などがもたらしたもの。ほかの国や地域と交流するなかでうまれたもの。

そうしたさまざまなものがからみあって、その土地独特の食文化がつくりあげられてきました。

だからこそ、世界の人びとを理解し交流するはじめの一歩は、食文化を理解すること。まず「どんな料理を食べているの？」からはじめましょう。

　シリーズ第4巻のこの本では、西アジアとアフリカの国ぐにの食文化を追っていきます。この地域にはイスラム教を信じる人びとが多く、独特で魅力的な食文化にあふれています。これらの国への関心をぜひ深めてください。

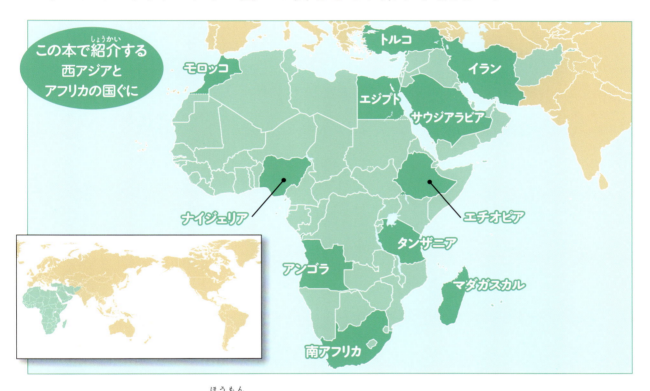

　ところで、近年日本を訪問する外国人はどんどんふえています。そうした外国人たちに日本を正しく紹介したい！

　それには、日本人が日本の食文化を知らなければならないのは、いうまでもありません。この意味から、このシリーズでは、日本についても第1巻の冒頭に紹介しています。また、それぞれの国と日本との関係についても、できるだけふれていきます。

　さあ、このシリーズをよく読んで、いろいろな国の食文化、その国とその国の人びとについての理解を深めていってください。

　　　　　　　　　　　　　　　　　　　　　　　　　　こどもくらぶ

もくじ

イラン

1 イランの風土と食文化 …………… 6
2 イラン料理の特徴 ………………… 8
3 イランの行事と食 ………………… 10
イスラム教の戒律 ………………… 12

サウジアラビア

1 サウジアラビアの風土と食文化 ……… 14
2 サウジアラビア料理の特徴 ………… 16

トルコ

1 トルコの風土と食文化 …………… 18
2 トルコ料理は世界三大料理のひとつ … 22
3 トルコ料理の特徴 ………………… 24

エジプト

1 エジプトの風土と食文化 …………… 26
2 古代から受けつがれるエジプト起源の料理 27
3 エジプト料理の特徴 ……………… 28

モロッコ

1 モロッコの風土と食文化 30
2 モロッコ料理の特徴 32

ナイジェリア

1 ナイジェリアの食文化 36

その他のアフリカの食文化

1 エチオピア 38
2 タンザニア 40
3 アンゴラ 42
4 マダガスカル 43
5 南アフリカ 44

さくいん 46

イラン

西アジアに位置するイランは、かつては中国西域からヨーロッパ東部にいたる広大な領土をもっていたペルシャ帝国の繁栄の歴史を受けつぐ国です。

正式名称／イラン・イスラム共和国
人口／7910万人（2015年世界人口白書）
国土面積／164万8195km²（日本の約4.4倍）
首都／テヘラン
言語／ペルシャ語（ほかにトルコ語、クルド語など）
民族／ペルシャ人（ほかにトルコ系、クルド系、アラブ系など）
宗教／おもにイスラム教

1 イランの風土と食文化

イランの国土は広大で、熱帯から亜寒帯まで多様な気候帯をもっています。内陸部は乾燥地帯ですが、カスピ海沿岸では水田で稲作もおこなわれています。7世紀にイスラム教が広まり、その食文化が今も根づいています。

● 伝統的な食事方法

イランの伝統的な食事方法は、部屋のじゅうたんの上にシートや板状の食卓をのせ、それをかこんですわって食べる独特のものです。たっぷりと大皿にならべられたいろいろな料理を、自分のお皿にとって食べます。食事はスプーンとフォークを使って食べますが、ナイフは使いません。パンを食べるときは手を使い、具をのせたりはさんだりします。

● 主食はパンと米

イランの主食は、「ナーン」とよばれる小麦のパンと、細長くて水気の少ない米。乾燥地帯が多い内陸部では長いあいだナーンが主食で、温暖湿潤気候であるカスピ海沿岸地域は米が主食でしたが、現在では内陸でも米が食べられています。

ナーンは、うす焼きを「ラバシュ」、厚めのものを「バルバリ（→p8）」といいます。ナーンは独特の大きな窯で焼くため、市場の専門店で買うことが多く、家庭ではあまりつくりません。

米は、「ポロウ（→p9）」とよばれる炊きこみご飯や、バターライスの「チェロウ（→p8）」にして食べます。さまざまな具を組み合わせた、たくさんの種類の「ポロウ」や「チェロウ」があります。

イラン

🟢 イラン人は羊肉が大好き

イランの田舎では、畑作や果樹栽培、牧畜がおこなわれています。羊はイランの人にとって重要な家畜です。イラン人は羊肉が大好き。串焼き（キャバーブ→p8）やひよこ豆との煮こみ料理（アーブグーシュト→p9）をはじめ、イランにはたくさんの羊肉料理があります。羊の内臓や頭、脚などもむだなく調理され、おいしく食べられています。

羊肉以外では鶏肉をよく食べます。イランはイスラム教の戒律（→p12）がきびしい国です。豚肉はイスラム教の戒律で食べてはいけないことになっているので、販売されることはありません。

遊牧地で草を食べる羊たち。

もっと知りたい！
イラン原産の農作物

食材が豊かなイランは、さまざまな農作物の原産地だ。まず、イランの特産品であるザクロ。イランでは、ザクロはそのまま食べるほか、料理に使われたり、ソースなどに加工されるなど幅広く食べられている。

また、クルミもイランが原産。クルミは漢字で「胡桃」と書くが、胡という漢字は、中国では「西方のペルシャ系民族」という意味がある。

キュウリ（胡瓜）、ゴマ（胡麻）、コショウ（胡椒）なども「胡」の字が使われているが、これらはインドが原産で、ペルシャ系民族が中国に伝えたため、「胡」の字が使われているのだ。ほかには、ホウレンソウやピスタチオなどもイランが原産の農作物だ。

🔵 おもてなし精神

イランでは、たとえ貧しくても自分は倹約して、お客さまにはできるかぎり豪華な料理や果物でもてなしをするという、「おもてなし精神」が受けつがれています。

イランだけでなく、西アジアのほかの国ぐににも同様のおもてなし精神が伝統的に息づいています。これは、この地域が昔から商業がさかんで、遠くからきた客人がもってきたみやげ話に商品価値があると考えられてきたため、今も慣習として残っているのです。またイスラム教にも、「お客さまにごちそうをして、3日間、歓迎しなさい」という教えがあります。見知らぬ旅人にも気前よくごちそうをふるまって、温かく歓迎するイランのおもてなし精神は、観光で訪れた外国人旅行者を感激させることも多いようです。

お客さまのためにたくさんのごちそうを準備。

2 イラン料理の特徴

イランには、米や肉、魚、香辛料、ハーブ、ドライフルーツ、野菜、豆、ナッツなど豊富な食材を使った、いろどりがきれいで味わい豊かな料理がたくさんあります。味つけは辛くなく、果物を利用した甘ずっぱい味つけが特徴です。

● 代表的なイラン料理

イラン料理の代表は、なんといっても肉の串焼き（キャバーブ）です。羊の肉が中心ですが、鶏肉や牛肉もよく食べます。

また、イランのシチューを「ホレシュ」といいますが、これも代表的なイラン料理です。ホレシュは、ポロウ（炊きこみご飯）にかけながら食べるのが一般的です。

チェロウ・キャバーブ
羊肉や鶏肉の串焼きとバターライス（チェロウ）。

バルバリ
ナーンの一種。イラン国内に数種類あるナーンのなかでも、イラン人にもっとも愛されているといわれるナーン。

キャバーブ
肉の串焼きはキャバーブとよばれる。レモン汁、タマネギ、塩などに漬けてから焼き上げる。

イラン

ゲイメ
イランのビーフシチューともいえる、レンズ豆と牛肉、トマトを煮こんだホレシュ。

ゴルメ・サブズイ
古くからイラン全土で食べられている肉とハーブのシチュー。写真のようにザクロの実を散らすこともある。

© asrpictures

アーブグーシュト
小さなつぼで羊肉やひよこ豆、ジャガイモ、タマネギなどを煮こんだシチュー。具をつぶして皿にうつし、ナーンをちぎって中に入れて食べる。

ククサブズイ
たっぷりのハーブ類と卵をまぜた、イランの具入りオムレツのような料理。

ポロウ
ドライフルーツや野菜、ハーブ入りの炊きこみご飯。チキンがそえられている。

© Fabien dany

クーフテ・タブリージ
北西部の都市タブリーズの名物、大きな米入り肉だんご。米は炊くだけでなく、料理にも使われる。

アシュエアナー
肉だんご入りのザクロ味のスープ。

3 イランの行事と食

ペルシャの暦では、西暦3月20日または21日の春分の日が新年に当たり、「ノウルーズ」とよばれる盛大なお祝いをします。これは紀元前のペルシャ王朝がゾロアスター教（拝火教）を国教としていたころのなごりだといわれています。

● 新年を祝う「ノウルーズ」

ノウルーズは、イランでもっとも重要なお祝いのひとつです。この時期、学校はお休みになり、人びとはおたがいの家を訪問しあったり、ピクニックに出かけたりして、春の訪れた喜びをわかちあうのです。

ノウルーズには「新しく生まれかわる日」という意味があり、イスラム教の教義と共通することから、イスラム教が国教となった現在も重要なお祭りとして受けつがれています。

ノウルーズは、現在のイランはもちろん、かつてペルシャ帝国の領土だった中央アジアや中東、ヨーロッパやアフリカの一部の広い範囲で同様のお祝いがおこなわれます。

ノウルーズには、にぎやかな踊りと音楽が欠かせない。

● ノウルーズの食べ物

ノウルーズには、日本のお正月のおせち料理のように、「ハフト・スィーン」とよばれるSではじまる7つの縁起のよい食べ物をテーブルにかざる習慣があります。イランでは昔から数字の「7」が縁起のよい数字と考えられています。イランのお正月にかざるのは、次のような意味をもった食べ物です。

1	Sabzeh（サブゼ）	緑色の草（通常は小麦かレンズ豆の苗）：復活
2	Samanu（サマヌ）	甘い麦芽のペースト：新しい人生を甘く豊かなものにする
3	Seeb（シーブ）	リンゴ：美と健康
4	Senjed（センジェド）	ナツメの実：愛
5	Seer（シーア）	ニンニク：薬と健康
6	Sumaq（スマック）	ウルシ科の赤い実スマック：日の出の色。暗闇に打ち勝つ
7	Serkeh（セルケ）	酢：年齢と忍耐

ノウルーズでは、縁起のよいものとされる魚料理や、「シェキャル・ポロウ」とよばれる特別な炊きこみご飯などのごちそうを食べます。

「ハフト・スィーン」をかざったテーブル。

イラン

結婚式の食べ物

イランの結婚式は、何日もかけておこなわれる盛大なもの。何種類もの炊きこみご飯や、子羊肉・鶏肉のキャバーブなどが次つぎと出されます。

なかでも欠かせないのが、「シーリーン・ポロウ」という甘い炊きこみご飯と、「バガリ・ポロウ」という、肉をのせたハーブとそら豆入りの炊きこみご飯。シーリーン・ポロウは、アーモンドやピスタチオ、レーズン、オレンジの皮などをたっぷりのせた、はなやかな一品です。どちらもノウルーズに食べることもあります。

古い時代のイランの結婚式。

結婚式に欠かせない、甘い炊きこみご飯「シーリーン・ポロウ」。

独特のお菓子

古い歴史をもつイランは、独特のお菓子の宝庫です。イランの国花でもあるバラから抽出したローズウォーターの香りのするお菓子や、お米と牛乳でつくるライスプディング、ナッツをたっぷり使ったキャンディなどがあります。イスラム教の戒律がきびしく、飲酒が禁止されているため、お酒のかわりに甘いデザートが広く好まれているのです。

ノグル
ローズウォーターで香りづけした砂糖でアーモンドの実をくるんだお菓子。お祝いの席に欠かせない。

ソハン・アサリ
ハチミツや砂糖、サフラン、アーモンドやカシューナッツなどをかためた、キャンディのようなお菓子。

もっと知りたい！
イランの紅茶

お菓子といっしょに欠かせない飲み物といえば、お茶。イランではとくに紅茶が好まれ、サモワールというロシアなどでも見られるお茶用の大きな湯わかし器でいれる。はじめに角砂糖を口に入れてから、紅茶を飲むのがイラン式。

イランのティーセット。

テヘランのショッピングモール近くに設けられた喫茶スペース。古めかしい大きなサモワールが置かれている。

イスラム教の戒律

イスラム教は、預言者ムハンマドが創始した、唯一絶対の神（アッラー）を信仰する宗教。
イスラム教徒は、中東・北アフリカのほか世界じゅうに約16億人。
イスラム教には、イスラム法とよばれる戒律があります。

食べてはいけないもの

イスラム法では、法でみとめられているものや行為を「ハラール」といい、みとめられないものや行為を「ハラーム」といいます。食に関しても、食べてよいとされる清浄な食品（ハラール）と、食べてはいけないとされる不浄な食品（ハラーム）が定められています。同じイスラム教の国でも、地域や、イスラム教の聖職者であるイマームの考え方により、食べていいもの・いけないものの判別がちがう場合があります。

イスラム教徒が食べてはいけない食品の代表格は、豚肉とお酒です。これらは食品の原料に使ってもいけないことになっています。ほかに、うろこのない魚や、イカ、タコ、エビ、カニなどを食べてはいけないと考える宗派もあります。

また、牛肉や鶏肉は食べることを禁止されていませんが、イスラム教徒の専門家によって、できるだけ動物を苦しめずにと畜しなければならないことになっています。この基準にのっとった、清浄とされる肉をハラールミートといいます。

ハラールミートであったり、豚肉やお酒が入っていない食品であるとみとめられた食品は、ハラール認証団体が発行したマークをつけて店頭にならびます。それを目安に、イスラム教徒は、清浄なハラールフードの商品を安心して選んでいます。イスラム教徒の多い国の食品には、たいていこのハラール認証マークがついています。

最近は、日本のしょうゆやみそ、お茶などの食品をイスラム教徒の人びとにも食べてもらえるよう、食品メーカーがハラール認証を取得して販売する例もふえてきました。

ハラールの基準に従った精肉店（フランス・パリ）の看板。

金曜日にモスクでおこなわれる集団礼拝。イスラム教徒は一日5回の礼拝をすることになっている。

ラマダン月の断食の習慣

イスラム教には、太陰暦によるイスラム暦（ヒジュラ暦）とよばれる、独自の暦があります。この暦の9月（ラマダン）は預言者ムハンマドが神からの啓示をさずかった神聖な月とされ、イスラム教徒は1か月間、日の出から日の入りまで断食をします。ラマダン月の断食によって、信仰心を深め、世の中の飢えに苦しむ人を思いやることができるとされています。

しかし、1か月間ずっと何も食べないわけではなく、日没後は食事ができます。その食事を「イフタール」とよびます。おなかがすいて、ついたくさん食べてしまい、ふだんの月よりも太ってしまう人もいるそうです。体の負担にならないよう、まずはナツメヤシの実を食べて、水を飲み、胃を落ち着かせてから食事をする国もあります。また、おなかにやさしいお粥のような料理を食べることもあります。

病人や妊婦、またイスラム教の国に滞在中の異教徒は、昼でも食事をとってよいとされています。また、水を飲むことは、個人の判断にまかせられますが、きちんと教えを守る人は昼間には水も口にしません。

1か月の断食の期間が終わると、断食明けのお祭りが盛大におこなわれ、ごちそうを食べたり、家を掃除したりして、その後の生活のはじまりにそなえます。

干したナツメヤシの実。

いけにえをささげる「犠牲祭」

犠牲祭は、イスラム暦の12月におこなわれる、羊1頭をいけにえとして神にささげるお祭り。「イード」ともよばれます。イスラム教の聖典のもとになったといわれる旧約聖書より、アブラハムが信仰の証として最愛の息子を神のいけえにささげようとした故事にならって盛大におこなわれます。

犠牲祭の日は、一家で1頭の羊をさばき、肉は近所の人たちと分けあい、バーベキューなどにして食べます。

近所の人たちとバーベキュー。

イスラム教の戒律のきびしさについて

イスラム教の戒律は、国によってそのきびしさがちがいます。

イスラム教を国教としているイランやサウジアラビアなどは、飲酒が見つかると厳重な処罰がおこなわれるなど、戒律がきびしい国です。

一方、社会主義だった旧ソ連のウズベキスタンやカザフスタン、また政教分離が憲法で定められているトルコなどは、飲酒は禁止されていません。ラマダンの断食も個人の考えにまかせられています。またこれらの国ぐにでは、イスラム教の女性が人前で髪や体の線をかくすためのスカーフや衣装（国によって「チャドル」「ヒジャーブ」などとよばれる）を身につけない女性も多く、これもそれぞれの考え方にまかせるという発想からきています。

サウジアラビア

アラビア半島の8割をしめる広大な国土をもつサウジアラビアは、世界一の石油大国で、イスラム教の二大聖地（メッカとメディナ）のある王国です。

正式名称／サウジアラビア王国（サウド家のアラビア王国という意味）
人口／3089万人（2014年世界銀行）
国土面積／215万km²（日本の約5.7倍）
首都／リヤド
言語／アラビア語（公用語）
民族／アラブ人
宗教／イスラム教

1 サウジアラビアの風土と食文化

サウジアラビアの大部分は乾燥した砂漠地帯ですが、ペルシャ湾岸の一部は高温多湿で、中央部は高原地帯です。毎年多くのイスラム教徒の巡礼を受け入れ、イスラム教の食の戒律をきびしく守っています。

伝統的な食文化

国土のほとんどをしめる作物（植物）の育ちにくい砂漠には、昔は遊牧民がくらしていました。羊や山羊を飼いながら、ところどころにある水のわくオアシスにしげるナツメヤシの実（→p15）や、ラバシュとよばれる小麦の平パン「マルクーク」（→p16）、またラクダのミルク、そら豆、米、ヨーグルト、香辛料を使った料理を伝統的に食べていました。

しかし、近年は遊牧民が都市に定住するようになり、食文化も変化しました。現在は、周辺国のイエメンやレバノンの料理も一般に食べられています。またアラブ人好みの、辛さひかえめなインドカレーなども人気です。

リヤド旧市街にあるマスマク城塞。当時権力をにぎっていたラシード家の城塞だったが、1902年にサウド家が権力を奪回した地として、現在は歴史博物館となっている。

首都リヤドの近くにも砂漠が広がる。

サウジアラビア

● 国民食カブサ

サウジアラビアの人びとにもっとも愛されている食べ物のひとつが、カブサという、骨つき肉をのせた香辛料と野菜入り長粒米（バスマティ米）の炊きこみご飯です。干しブドウやナッツがトッピングされることもあります。カブサは、お祝いの席に欠かせない料理で、じゅうたんの上に布をしいて、カブサをかこんでみんなでいっしょに食べるのが伝統的な食べ方です。ただしイスラム教の戒律により、男女がいっしょに食べることはありません。

イエメンが発祥といわれるカブサのように、サウジアラビアの周辺国にはよく似た肉のせ炊きこみご飯がいろいろあります。たとえば、イエメンのマンディ、カタールやバーレーンなどペルシャ湾岸諸国のマクブース、ヨルダンのマンサフなど。似ていますが、香辛料の調合やトッピングなどに少しちがいがあり、名前もちがっていて、それぞれがお国自慢の郷土料理なのです。

サウジアラビアの国民食ともいわれるカブサ。

サウジアラビアでは男性と女性が別べつに食事をする。
©Khalil Abou El-Nasr/Saudi Aramco World/SAWDIA

● サウジアラビアのナツメヤシの実

ヤシ科の常緑高木であるナツメヤシの実は「デーツ」とよばれ、ペルシャから北アフリカにいたる砂漠地帯でも育つ植物です。西アジアのメソポタミア文明や北アフリカのエジプト文明が栄えた紀元前6世紀ごろから、すでに栽培されていたといわれています。ビタミンやミネラル、食物繊維などの栄養が豊富なため、砂漠でくらす人びとにとっては昔からたいせつな食べ物でした。

とくにイスラム教徒にとってデーツは、聖典コーランのなかによく登場するほか、預言者ムハンマドの好物とも伝えられていて、たいせつな食べ物のひとつといえます。ラマダン月の夜には、牛乳などとともにデーツを最初に食べるのが、イスラム教徒にとってのならわしになっています。

デーツは、乾燥させた実を食べるほか、ジャムやゼリーにしたり、また現代では、チョコレートにくるんだりナッツをつめたりしたお菓子にも加工されています。

デーツは産地や品種によって等級もさまざまです。サウジアラビアには「バティール」という、デーツをあつかうブランドの本店があり、サウジアラビア王室御用達の最高品質のデーツを世界に向けて販売しています。

乾燥させた実。
鈴なりに実をつけたナツメヤシ。
© Abdulla Al Muhairi

2 サウジアラビア料理の特徴

サウジアラビアは平坦な砂漠ばかりではなく、雪も降ることがある高原や、険しい山岳地帯もあり、地域の料理にも特色があります。代表的な料理をいくつか紹介します。

● 代表的な料理

サウジアラビアの郷土料理は、遊牧民の料理が基礎になっています。肉と野菜、豆類がおもに使われますが、イランと同じく、豚肉を食べることは禁止されています。

サリード
ムハンマドが言行録のなかで語った好物の料理として知られている。肉または野菜とひよこ豆にパンの小片を加えたスープ。

シャワルマ
トルコのドネルケバブ（→p24）が起源といわれる、肉の回し焼き。羊肉や鶏肉、牛肉のシャワルマもある。平パンにはさんで食べる。

サンブーサ
インドではサモサの名前で知られる、小麦粉の皮で具を包んで揚げたもの。ひき肉やタマネギ、香辛料などを具に使う。

ムタッバク
卵、羊肉、タマネギ、トウガラシなどを入れて折りたたんだ、紅海沿岸地方の鉄板焼きのパンケーキ。インド発祥といわれる。

マルクーク
サウジアラビアで食べられている平パン。他の中東諸国にも同じようなパンがある。「ホブズ・マルクーク」ともいう。

ハリース
ラマダン月（→p13）の夜に食べられる、消化のよい肉入りの小麦粉のお粥。各地のイスラム教の国ぐににも似た料理がある。

砂漠に水を

砂漠の国サウジアラビアでは、水はとても貴重だ。昔は食料を輸入にたよっていたが、1948年ごろから食料の自給自足をめざし、石油でうるおった収入を投資して、砂漠のかんがいや水資源の開発を積極的におこなってきた。その結果、1985年には小麦の自給自足が実現し、1998年には果物も余った分を輸出できるほどまでになった。

現在サウジアラビアには、生活用水、農業用水を確保するために、海水から真水をつくりだす「海水淡水化プラント」が多数、建設されている。このプラント建設事業には、日本企業も参画している。

サウジアラビア

● サウジアラビアのお菓子

サウジアラビアでは、きびしいイスラム教の戒律があるため、お酒を飲むことができません。そのかわりに、甘いお菓子が人気です。とくにラマダン月には甘いものが好まれます。

ムハッレビ
フランスのブラマンジェに似た、地中海が起源のライスプディング。

クリージャ
カルダモン風味の小麦のクッキー。

ウム・アリ
牛乳やカルダモン、シナモンなどを加えてつくるパンプディング。

カナフェ
小麦粉の細麺状の生地でクリーム状の甘いチーズを包んで焼き、シロップをかけたお菓子。ラマダン月によく食べられる。中東全域で人気のあるお菓子。

● サウジアラビアの飲み物

サウジアラビアのあるアラビア半島は、コーヒー豆の集積地で豆の品種名にもなっている港町モカ（現在のイエメン内）があるように、昔からコーヒーがよく飲まれていた土地です。サウジアラビアではコーヒーはカフワ（またはガフワ）とよばれ、お客さまをもてなす飲み物です。カルダモンの香りのするアラビアコーヒーは、お客さまの目の前で小さなカップに注ぎます。

コーヒーと同じように、デーツやお菓子とともに、紅茶もよく飲まれています。

また、飲酒が禁止されているサウジアラビアでは、「サウジ・シャンパン」ともよばれる、リンゴジュースとソーダにレモン、ミントなどを加えたアルコールの入っていないドリンクをお酒がわりに飲むことがあります。商品化されて、スーパーマーケットなどで販売されているものもあります。

アラビアコーヒーを小さなカップに注ぐ。

サウジ・シャンパン

トルコ

アジアとヨーロッパの境目に位置するトルコは、昔から東西の交易で栄えてきました。13世紀におこったオスマン帝国の栄光を受けつぐ国です。

正式名称／トルコ共和国
人口／約7874万人（2015年トルコ国家統計庁）
国土面積／約78万km²（日本の約2倍）
首都／アンカラ
言語／トルコ語

民族／トルコ人（南東部を中心にクルド人、その他アルメニア人、ギリシャ人、ユダヤ人など）
宗教／イスラム教が中心、その他、ギリシャ正教、アルメニア正教、ユダヤ教など

1 トルコの風土と食文化

トルコ民族はもともと中央アジアを移動しながらくらす遊牧民だったことから、遊牧民の食文化を土台として、アラブ地域の食文化、ヨーロッパ各地の食文化の影響を受けて、トルコの食文化は豊かに発展してきました。

主食はパン

アジアとヨーロッパの食文化が融合したトルコでは、米と小麦の両方が栽培されていますが、主食は小麦粉からつくるパン類です。パン類は「エキメッキ」とよばれ、フランスパンに似た形のものがよく食べられています。エキメッキというトルコ語には「食事」という意味があるぐらいです。そのほかに、ゴマをまぶしたドーナツ型のシミット、ケバブ（→p24）などをサンドして食べる平パンのバズラマなど、さまざまな種類があります。また、イタリアのピザに似たラフマージュンやピデなども人気があります。

パン屋さんにはいつも焼きたてのエキメッキがならんでいる。

シミットは軽食にもぴったり。まちなかでも、小さなワゴンを引いたシミット売りを見かける。

ラフマージュン
トルコ南東部の名物料理。うす皮の小麦粉の生地に、ひき肉やチーズ、タマネギ、トウガラシなどをのせて焼く。

ピデ
古い歴史をもつ、舟型のピザ。チーズやひき肉、細かくきざんだ野菜などがのっている。

トルコ

米は副食

お米は、トルコ人にとっては、どちらかというと副食のようなあつかいです。代表的なトルコの米料理である炊きこみご飯のピラウ（ピラフ）も、そえもの的に小さく盛られることが多いのです。お米は、吸水力のある丸っこいジャポニカ米と、細長く水分の少ないインディカ米の両方が食べられています。お米はまた、トマトやピーマンにつめ物をして煮たり焼いたりするドルマ（→p23）という料理にも使われます。ストラッチ（→p25）というライスプディングにもよく使われます。

料理にそえられたお米のピラウ。

地中海沿岸など地域によっては、ブルグルとよばれるつぶ状のひきわり小麦を主食として食べることもあります。そうした地域では、日本のお米屋さんのような、さまざまな種類のブルグルを販売する専門店を見かけます。

ひきわり小麦のブルグル。

伝統的な食事のスタイル

遊牧民の伝統をもつトルコでは、床に敷物をしいて、その上に料理をならべて食べる、昔ながらの食事のスタイルが残されています。敷物には、トルコの伝統的な織物「キリム」がよく使われます。キリムはうす手でじょうぶなので、遊牧民にとっては、移動のときの梱包材としても使える便利なものでした。現在では、都市部ではテーブルといすを使って食事をするスタイルが多くなりました。

キリム

もっと知りたい！

トルコ人のおもてなしの心

イスラム教の教えと、古来シルクロードを往来する客人をむかえてきた歴史から、イランと同じようにトルコ人も、お客さまにはできるかぎりのたくさんの食べ物や飲み物を提供して、手厚くもてなす。そして、突然やってきた、言葉の通じない相手であっても、身ぶり手ぶりを交えて可能なかぎりコミュニケーションをとろうとする心づかいもわすれない。

羊肉とヨーグルト

トルコ系民族はもともと中央アジアの遊牧民だったことから、羊は身近な家畜で、重要な食料でした。アナトリア*に定住した今でも、羊肉はトルコでもっとも人気のある肉で、ケバブや煮こみ料理にするほか、胃や腸などの内臓まであますところなく食べられています。

また、羊をはじめ、山羊や牛のミルクからつくった乳製品も豊富で、とくにトルコ語のヨウルトが語源である発酵乳のヨーグルトや、チーズなどをたっぷりと食べます。トルコのスーパーマーケットなどでは、バケツのような大きな容器に入ったヨーグルトが販売されていて、びっくりさせられます。いろいろな種類があるチーズのなかでもっとも一般的なのは、羊や山羊などのミルクからつくった白チーズ、ベヤズ・ペイニル（→p23）です。

羊肉のほかには、鶏肉もよく食べられますが、牛の飼育数があまり多くないこともあり、牛肉は羊肉や鶏肉ほど食べられていません。また豚肉はイスラム教の戒律で食べてはいけないとされているため、ほとんど流通していません。

白チーズ売場。白チーズは塩味が強いので、食べる前に、水またはミルクにつけて塩ぬきすることもある。

もっと知りたい！

ユネスコの無形文化遺産に登録された「ケシケキ」

ケシケキは、麦や肉、ミルクなどを煮こんだお粥のような料理。婚礼や葬儀、雨ごい、宗教行事などの特別な日に欠かせない一品で、トルコのほかイランやギリシャ、アルメニアなどにもみられる食べ物。

2011年、このケシケキが、「トルコの『ケシケキ』の伝統」としてユネスコの無形文化遺産に登録された。ケシケキはただのお祝い食ではなく、主役の親族や地域の住民などが総出で調理にあたり、伝統的な歌や踊りとともにつくりあげる、特別な料理なのだ。

写真：岡崎伸也

---

*イスタンブールより東側（アジア側）はアナトリア、西側（ヨーロッパ側）はトラキアとよばれている。

トルコ

● 野菜や果物、魚介類も豊富

トルコは、北部は黒海、南部は地中海、西部はエーゲ海にかこまれ、東部にはユーフラテス川の源流があるなど、海や川にめぐまれた土地です。そのため沿岸部や川に近い地域では魚介類がよく食べられてきました。

一方、アナトリアの肥沃な土地と太陽の恩恵で、野菜や果物なども豊富。

トルコ料理でよく使われる野菜は、ナスやトマト、キュウリ、ニンジン、タマネギなど。とくにナスは、クリーム状にして前菜にしたり、具をつめてオーブン焼きにしたりなど、日本とは少しちがった調理法でよく食べられています。15世紀に南アメリカからやってきたトマトは、今ではトルコ料理に欠かせない野菜になっています。果物では、ブドウやザクロ、イチジク、アンズ、サクランボなどがおいしいです。

また、レンズ豆やひよこ豆などの豆類もよく食べられています。

まちの魚屋さん。手前にスズキやクロダイ、奥にイカやエビが見える。

トルコの青空市場（パザル）には、トマトやナス、インゲンなど、新鮮な野菜がどっさりとならべられている。

もっと知りたい！

トルコの保存食タルハナ

タルハナというのは、トルコの「母の味」といわれるスープ（タルハナ・チョルバス）の素。秋になると、地域の人たちが共同でタルハナづくりをするのが、トルコの伝統。大鍋に水でうすめたヨーグルトと塩を入れて火にかけ、ひきわり小麦を加えてかきまぜながら弱火で煮る。小麦がヨーグルトの水分を吸ってねばりけが出てきたら火を止め、冷めるのを待つ。冷めたら、うすく引きのばして天日で乾燥させる。これで、保存食タルハナのできあがり。香辛料などを加えることもある。

タルハナはくだいてスープの素にするほか、そのまま焼いたり揚げたりしても食べられている。

トルコの母の味、タルハナ・チョルバス。

秋の風物詩といわれるタルハナ干し。

2 トルコ料理は世界三大料理のひとつ

かつて広大な領土をもったオスマン帝国の宮廷料理として発展したトルコ料理は、中華料理、フランス料理とならぶ「世界三大料理」ともいわれています。

宮廷で花開いたトルコ料理

オスマン帝国は、1299年から1922年まで続きましたが、食通のスルタン（王侯）が、広大な領土の各地から食材や調理法を取りよせ、料理人に腕を競わせたため、洗練された料理が宮廷で花開きました。宮殿のキッチンは10部門に分けられ、スープ、パン、肉などの料理別に調理がおこなわれていたといいます。

オスマン帝国がほろんだあとも、宮廷料理の伝統は、現代のトルコ料理に受けつがれています。

オスマン帝国の王侯たちは、イスタンブールにあるトプカプ宮殿でぜいたくな生活を送っていた。

ヨーロッパ東部から北アフリカ、アラビア半島の一部などまで広がったオスマン帝国の領土。

写真提供：ユニフォトプレス

もっと知りたい！

トルココーヒーとチャイ

2013年、「トルココーヒーの文化と伝統」が、ユネスコの無形文化遺産に登録された。

トルココーヒーは、コーヒー豆の粉と砂糖、水をジェズベとよばれるポットに入れてわかし、どろっとした状態のコーヒーをカップに注ぎ、コーヒー豆の粉がしずんでから上ずみを飲む。コーヒーは、もともとスーフィーとよばれるイスラム神秘主義の修行僧の飲み物だったが、16世紀中ごろのオスマン帝国時代に、イスタンブール旧市街でコーヒーを提供するカフェが誕生し、そこから広まっていった。トルココーヒーは婚礼などの儀式や社交の場でも重要な役割をになうなど、トルコの人びとにとっては重要な文化遺産だと考えられている。

一方、トルコでは紅茶のことを「チャイ」という。チャイダンルックという2段式の独特のポットで茶葉を濃く煮出して、お湯でうすめ、ガラス製のコップに注いで飲む。トルコ人は朝から晩までチャイを欠かさず飲むといわれている。

濃い色のトルココーヒー。　ジェズベ

かわいいチャイグラス。　2段式チャイポット。

トルコ

● トルコ以外を起源とする料理

オスマン帝国時代には、人の移動とともに領土内で料理の交流があり、トルコ料理というよりも、中東料理、地中海料理といったほうがよい料理もあります。そうした料理のうち、おもなものをあげてみましょう。

フムス
ゆでたひよこ豆と、タヒニとよばれる白ゴマペースト、ニンニク、レモン汁、オリーブオイル、塩などを加えてすりつぶした料理。東地中海のレバント地方（現在のレバノン、イスラエル、シリアなどがある地域）が発祥といわれる。

ムサカ

ナスとひき肉などを重ね焼きした料理。ギリシャをはじめ、エジプト、バルカン半島などにも独自のムサカがある。トルコのムサカは、輪切りにしたナスにひき肉をはさみ、トマトをのせて焼くのが特徴。

ギリシャのムサカ

ギリシャではナスとひき肉、ジャガイモを重ねて、ホワイトソースをかけて焼く。

ドルマ
トマトやナス、パプリカ、ブドウの葉、キャベツなどの野菜に具をつめたり巻いたりしてオーブンで焼いた料理。黒海とカスピ海のあいだのカフカス地方が発祥の地だといわれているが、トルコのとなりの国のアルメニアは、自分たちの国がドルマの発祥地だと主張し、首都エレバンで毎年「ドルマ・フェスティバル」を開催している。

トマトのドルマ。

ブドウの葉のドルマ。

ベヤズ・ペイニル

古代ギリシャの発祥で、ギリシャ人がこよなく愛する羊や山羊の乳からつくる白チーズをフェタチーズというが、トルコのベヤズ・ペイニルはフェタチーズと同じ製法でつくられている。かつてオスマン帝国の領土だったブルガリアやルーマニアなどにも、同じような製法のチーズがある。

ギリシャのフェタチーズ

3 トルコ料理の特徴

トルコ料理は、野菜をたっぷり使い、香辛料は全体的にひかえめで、辛くないのが特徴です。また、地中海料理の特徴もあわせもっていて、オリーブの実やオリーブオイルもよく料理に使われます。

● 代表的なトルコ料理

トルコには、おいしい肉料理（ケバブ）がたくさんあります。肉の串焼き（シシケバブ）も人気があります。また、野菜やハーブ類を使った料理も豊富にあります。どれもシンプルな味つけで、素材の味を楽しむことができます。

ドネルケバブ
うす切り肉を長い棒に何層にも巻きつけて、回転させながら焼き、焼けた表面をそぎ切りにして、食べる。

イスケンデルケバブ
かつてオスマン帝国の首都だったトルコ北西部のまちブルサの名物。ドネルケバブと同じように回し焼きしたケバブをそいで、パン、トマトソース、ヨーグルトを重ね、熱いバターソースをかけて食べる。

アダナケバブ
トルコ南東部の都市アダナの名物ケバブ。トウガラシ入りのピリ辛味で、子羊のひき肉と脂を手で金串に巻きつけて焼く。

チョップ・シン
羊肉を細い串にさして焼いた、エーゲ海に面したイズミルの名物ケバブ。小ぶりで、日本の焼き鳥によく似ている。

ハムシのマリネ
トルコでは、黒海でとれるカタクチイワシを「ハムシ」とよぶ。ハムシを酢とオリーブオイルに漬けたハムシのマリネは、黒海地方の名物料理。

チョバン・サラタス
羊飼いのサラダ。昔、トルコの羊飼いが山にいくときに、サラダの材料を持参して山の中で調理したのがはじまりといわれている。細かく切ったキュウリやトマト、タマネギ、パセリをまぜ、オリーブオイルと塩、レモンで味つけしたシンプルなサラダ。

マントゥ
小麦粉の生地に羊のひき肉などの具をつめてゆでた、餃子のような料理。トルコのマントゥはとても小さいのが特徴で、ヨーグルトソースなどをかけて食べる。

パトルジャン・サラタス
ナスを焼いて皮をむき、クリーム状にして、塩とオリーブオイル、レモン汁で和えただけのナスのサラダ。日本の焼きナスのような調理法の料理。

トルコ

トルコのお菓子

トルコの代表的なお菓子といえば、バクラバ。そのほかにも、オスマン帝国時代に洗練された、美しいユニークなお菓子がたくさんあります。

バクラバ
フィロという小麦粉のうすい生地に、バターと細かくくだいたピスタチオなどのナッツをはさんで焼いたあと、甘いシロップをかけたお菓子。バクラバは、トルコ国内だけでなく、オスマン帝国の勢力がおよんだ地域にも伝わった。

ロクム
日本のゆべしのような食感のお菓子。砂糖とでんぷんとナッツをかためてつくる。バラ、ピスタチオ、レモンなどさまざまな風味がある。

ドンドルマ
トルコ名物ののびるアイスクリーム。サーレップという、植物の球根からつくられる粉がねばりけの元。

ストラッチ
米と牛乳、砂糖でつくるトルコのライスプディング。シナモンで香りづけする。

ユネスコの創造都市ネットワークに認定

トルコ南東部の古都ガジアンテップが2015年、ユネスコの提唱する創造都市ネットワーク*「食文化（ガストロノミー）」の部門に認定された。

ガジアンテップは別名アンテップといい、かつては地中海とメソポタミアを結ぶシルクロードの主要なまちだった。今も旧市街では、特産の銅製品をつくる職人の働くすがたが見られる、昔の面影が残る魅力的なまち。

ガジアンテップは夏と冬の気温差がはげしく、照りつける太陽のもと、肥沃な大地が広がり、トルコで最高品質といわれるピスタチオをはじめ、オリーブやブドウなど数かずの農作物が栽培されてきた。

ピスタチオ

質の高い農作物に加え、おいしいバクラバの店や食材店がならぶトルコ随一のグルメのまち。2015年に開催されたミラノ万博でトルコ館に特設会場が設けられるなど、ガジアンテップは世界的にも注目を浴びた。

*文化の多様性をたもち、世界各地の文化産業がもっている可能性を最大限に発揮させるために、世界の特色ある都市を認定する事業。

エジプト

エジプトはアフリカ大陸北東部にある国。紀元前3000年ごろからナイル川流域で古代文明が栄え、ピラミッドの建設など独自の文化が発展しました。

正式名称／エジプト・アラブ共和国	言語／アラビア語（都市部では英語も通用）
人口／9000万人（2015年エジプト中央動員統計局）	民族／おもにアラブ人（その他、少数のヌビア人、アルメニア人、ギリシャ人など）
国土面積／約100万km²（日本の約2.6倍）	宗教／イスラム教、キリスト教（コプト正教会）
首都／カイロ	

1 エジプトの風土と食文化

「エジプトはナイルの賜物」といわれるように、ナイル川下流地域には上流から運ばれてきた肥えた土が、作物を豊かに実らせてきました。また北部や東部は海に面しているため、新鮮な魚介類にもめぐまれています。

● 中東地域とのつながり

エジプトはアフリカ大陸に位置していますが、国土の東はアラビア半島に接しています。7世紀にアラブ人の支配下におかれ、食文化はイスラム文化のもとで発展しました。そのため、エジプトには中東地域と似た料理がいろいろあります。たとえば、ひよこ豆のペーストのホンモス（フムス）やナスのペーストのババガヌーク、また、イスラム教の戒律により豚肉は食べられないため、羊肉や牛肉、鶏肉を使った料理が多くみられます。肉の回し焼きのシャワルマ（ドネルケバブ→p24）もそのひとつです。

その一方で、紀元前30年から642年のおよそ670年間、エジプトの地中海沿岸やナイル川流域はローマ帝国、東ローマ帝国の領土だったこともあり、ギリシャ料理のパスティチョがもとになったオーブン料理「マカローナ・ベシャメル」が今もエジプトで食べられています。また、同じくローマ帝国領だった北アフリカからは、クスクス（→p30）というつぶ状パスタなどが伝わりました。

マカローナ・ベシャメル

エジプト

2 古代から受けつがれるエジプト起源の料理

文明の発祥地であるエジプトには、今では世界じゅうで食べられるようになった、古代から受けつがれたエジプト起源の料理がたくさんあります。これはエジプトの人びとの誇りです。

● エジプトのパンとビール

エジプトではパンのことを「エイシ」といいますが、これは、アラビア語で「命」を意味します。古代エジプトの時代から、エジプトの人びとにとってパンはとてもたいせつな食べ物でした。

古代ではほとんどのパンが、エンマー小麦とよばれる古代小麦の粉をひいてつくられていました。粉をひくのは女性の仕事で、かなり重労働だったといわれています。パンは、初期のころは発酵させない平パンでしたが、暑いなかにこねた生地を置いておいたところ、空気中にあった酵母が生地についてふくらんだという偶然から、発酵パンが誕生しました。現在、エジプトにはたくさんの種類のパンがあり、人びとにとても愛されています。

一方、もとからあった発酵させないパンは旧約聖書にも「マッツァー」の名前で登場し、現在でもキリスト教やユダヤ教のたいせつな宗教的シンボルとして食べつづけられています。

古代エジプトでは、貴族の朝食がパンとビールだったと伝えられています。当時は、ビールがパンと同様に主要な「食べ物」だと考えられていたのです。ビールの原料は大麦で、まず麦芽を乾燥させてくだき、その粉でパンをこねて半焼きします。それからパンをちぎって水にひたし、煮ることでアルコール発酵させてビールをつくっていました。現代はホップで苦みと香りをつけていますが、当時は薬草を加えていたといいます。

● 健康の源モロヘイヤ・スープ

古代エジプトでは、ナイル川下流の肥沃な土地で、小麦のほか、多くの野菜や果物、ナッツを栽培していました。野菜類はオリーブ、パセリ、コリアンダー、タマネギ、ニンニク、そしてモロヘイヤ。また果物とナッツは、ナツメヤシやブドウ、イチジク、ザクロ、レモン、クルミ、アーモンドなどです。

なかでも、ねばりけがあり栄養価の高い葉野菜のモロヘイヤは、古代エジプトの王ファラオの健康の源で、女王クレオパトラも好んだとも伝えられています。伝統的にはハトまたはウサギ肉（現在ではおもに鶏肉）と、タマネギ、ニンニクなどをいっしょに煮たモロヘイヤのスープは、エジプトでもっとも古くから食べられていた、エジプトならではの料理のひとつです。

粉をひいてパンを焼き、ビールを醸造しているようすをあらわしている古代エジプトの出土物。
エジプト博物館（ベルリン）所蔵

3 エジプト料理の特徴

エジプト料理は、地中海料理と中東料理の要素をあわせもっています。トマトやオリーブオイルを使った料理が多く、ニンニクやゴマ、さまざまな香辛料が味つけに使われるのが特徴です。

● ナイル川、紅海でとれた魚介類

ナイル川でとれる淡水魚や、紅海、地中海でとれる海水魚も、エジプトでは昔からよく食べられてきました。魚を丸ごと1尾、もしくは切り身を直火で焼いたり、オリーブオイルで揚げたりして、香味ソースをそえるのがエジプトの伝統的な魚の食べ方です。またエビの一種のガンバリや、カラマリ（イカ）のフライなども食べます。

カラマリのフライ

● エジプトのハト料理

エジプトには、お祝いなどの席でハトを食べる習慣があります。ハト料理は古代エジプト時代から高級料理とされています。ハト料理の代表格は、炒めたブルグル（ひきわり小麦）または米と、タマネギ、パセリの葉などをハトにつめて蒸し焼きにした「ハマーム・マハシ」という料理や、ハトを開いてグリルした「ハマーム・マシュイ」という料理です。エジプトの田舎には、高い塔のようなハト小屋があり、食用ハトを飼育しています。

ハマーム・マハシ

● コプト正教会とエジプトの豆料理

エジプトでは人口の90％がイスラム教徒ですが、残り10％はキリスト教の一派であるコプト正教会の信者です。なかには、コプト教徒の人びとは古代エジプト人のもっとも純粋な子孫である、と考える人もいます。エジプト政府は宗教の自由を憲法で保障していますが、少数派のコプト教徒が、食習慣のちがいからイスラム教徒のきらう豚を飼育して食べるため、一部のイスラム教徒とまさつを生じることも、ときどきあるようです。

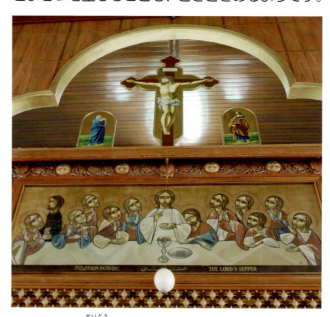

コプト正教会の聖堂内部。

エジプトでは豆料理の種類が豊富です。それは、クリスマスや復活祭前などに肉断食をおこなう（肉を食べない）コプト教徒の食習慣の影響が大きいといえます。代表的なエジプトの豆料理には次ページのようなものがあります。

エジプト

ターメイヤ
水でもどした乾燥そら豆にコリアンダーの葉やタマネギ、香辛料などをまぜてつぶし、丸めて白ゴマをまぶして揚げたコロッケのような料理。古代からあるもっとも伝統的なエジプト料理のひとつだが、コプト教徒が好んで食べてきた食べ物でもある。エイシ（パン）を半分に切って、野菜などといっしょにはさんで食べるのが一般的。

フール・ムダンマス
乾燥そら豆を水でもどし、ニンニクやオリーブオイルを加えてじっくり煮こんでつくるシンプルな料理。味はついていないので、それぞれが皿にとってから好みの味つけをして食べる。エジプトでは、朝食、昼食、夕食とあらゆる時間帯に食べられている。コプト教徒の人びとにとっては、肉断食の時期にいただく食事の定番。

コシャリ
ご飯、マカロニなどのパスタに、ひよこ豆、レンズ豆をのせ、揚げタマネギと、トマトソースをかけた、いうならばエジプトのB級グルメ。好みで酢やトウガラシソースなどをかける。コシャリの歴史は意外と新しく、キチディという、ご飯とレンズ豆を使ったインド料理と、イタリア料理のマカロニとトマトソースをミックスして19世紀半ばにエジプトで誕生した料理だといわれている。腹持ちがよいため、コプト教徒の人びとにとっては肉断食の時期に最適の食べ物であり、また値段が手ごろなため、宗教に関係なくエジプト人一般に広く人気がある。

● エジプトのデザート

エジプトでは、ほかの中東のイスラム教の国ぐにと同じように、甘いお菓子が充実しています。東地中海全域で共通しているデザートも少なくありません。

クスクス
クスクスは、ふつうは蒸して肉をのせたりして食べるが、エジプトでは、粉砂糖やナッツなどをまぜ、ドライフルーツをそえてデザートとして食べることが多い。

バスブーサ
小麦のセモリナ粉にバター、牛乳、卵、オレンジエッセンスなどをまぜて焼き、アーモンドスライスとシロップにひたして食べるケーキ。

マームール
ペースト状にしたナツメヤシの実や干しイチジクなどを包んで焼いた小麦粉のクッキー。レバノンやシリアなどでもみられる。

バタータ
日本の焼きいもにそっくりな、サツマイモを焼いただけの軽食。販売方法も日本の石焼きいも屋さんそのままで、冬場に車に金属製の窯を乗せて、焼きたてのバタータを売る。

モロッコ

モロッコは、アフリカの北西部に位置する王国。8世紀にアラブ人によってイスラム化され、1912年から1956年までフランスの保護領だった歴史をもちます。

正式名称／モロッコ王国
人口／3392万人（2015年世界銀行）
国土面積／44.6万km²（日本の約1.2倍、西サハラをのぞく）
首都／ラバト

言語／アラビア語（公用語）、ベルベル語（公用語）、フランス語
民族／アラブ人（65%）、ベルベル人（30%）
宗教／イスラム教（国教）

1 モロッコの風土と食文化

モロッコは、地中海と大西洋、サハラ砂漠、アトラス山脈など変化に富んだ自然にかこまれています。先住民のベルベル人の文化に、アラブの文化とフランスの文化がまざりあい、現在のモロッコの文化ができあがりました。

● 多くの食文化がまざりあう

モロッコは、8世紀にアラブ人によってイスラム化された歴史をもっていますが、現在、モロッコを代表する食べ物は、先住民であるベルベル人のあいだで誕生したものがほとんどです。遊牧民として砂漠の過酷な気候のなかで元気に生きていく知恵が、料理にも生きています。ベルベル人は、羊や山羊を飼い、そのミルクやバター、肉を食べるほか、小麦を育てて、クスクスというつぶ状パスタを主食にしてきました。また、海ぞいの地域では魚介も主要な食べ物でした。

遊牧民としてくらしてきたベルベル人。

調理する前のクスクス。

一方、アラブ人は、中東からサフランやクミン、シナモン、ショウガといった香辛料やハーブ、ナツメヤシの実、数かずの野菜、果物をモロッコにもたらし、料理をさらに豊かにおいしくしました。

モロッコは、地中海交易、サハラ交易を通じて、ヨーロッパ、西アフリカとも結びつき、世界的にもまれに見る多彩な食文化を形成していったのです。

モロッコ

ベルベル人の料理

モロッコの先住民であるベルベル人の料理の代表格は、「タジン」と「クスクス」。どちらもさまざまな食材を使いますが、調理法はいたってシンプルです。もともとはお祝いなどの特別の日に食べられていましたが、現在では、一般的なモロッコ料理としても広く浸透しています。

タジンは、円すい形のふたをかぶせて使う土鍋の名前ですが、料理名にもなっています。羊肉、鶏肉などの肉、ジャガイモやタマネギ、ニンジンなどの野菜、ひよこ豆などの豆類、干したプルーンやブドウ、オリーブの実、またサフランやシナモン、クミンなどの香辛料を、さまざまに組み合わせて、ゆっくりと蒸し煮しながら調理します。

高さのある円すい形のふたをした鍋で蒸し煮すると、食材の香り成分をふくんだ水滴が内部で回流して、煮こみ料理がおいしくなります。また、食材にふくまれている水分だけで調理できるため、砂漠が多く水が貴重だったモロッコでは、重宝された調理道具だったのです。

一方、クスクスは、つぶ状のパスタそのものをさすのと同時に、料理名でもあります。クスクスには、大つぶから細かいつぶまでいろいろなタイプがあります。モロッコでは、乾燥クスクスを蒸したあと、少量の塩とバターをからめて再び蒸し、食べる直前にスープをかけていただきます。タジンの材料にクスクスを使うこともあります。

モロッコには、クスクスにも独特の専用鍋があります。鍋は2段重ねになっていて、下の段でスープを煮こみ、その蒸気を使って上の段でクスクスを蒸すというしくみです。ここでもまた、水をむだにしない生活の知恵が生かされています。

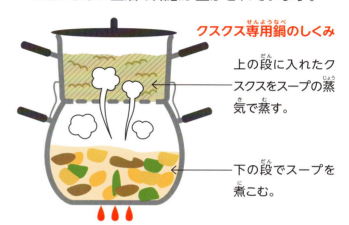

クスクス専用鍋のしくみ
- 上の段に入れたクスクスをスープの蒸気で蒸す。
- 下の段でスープを煮こむ。

タジン鍋のしくみ
- ふたには、湯気をぬく穴がないので、蒸気が外へにげない。
- うまみをふくんだ蒸気は、ふたのとがった部分で冷やされて水になり、鍋にもどってくる。

市場（スーク）では、さまざまな色と柄のタジン鍋が売られている。

もっと知りたい！
モロッコの調味料

モロッコでは、レモンの塩漬けが、さわやかな香りと風味で肉や魚などの臭みを消す調味料として、タジンなどに大活躍している。びんの中に切ったレモンと塩を入れるだけでかんたんにつくれ、しかもさまざまな料理に活用できるので、日本でもアレンジされて、「塩レモン」の名称で人気をよんでいる。

また、「ハリッサ」という香辛料入りのトウガラシペーストを、クスクスなどの料理に辛みを追加したいときなどに使う。

2 モロッコ料理の特徴

モロッコ料理は、香辛料で食材のうまみを引き出す調理法で、羊、鶏、牛などの肉や、イワシ、ヒラメ、カレイ、タイ、アジ、イカなどの魚介類を、オリーブオイルであっさりと調理するのが特徴です。

● いろいろなタジン

ジャガイモとレーズンのタジン　　ミートボールのタジン

魚のタジン　　子羊肉とプルーン、アーモンドのタジン

野菜のタジン

牛肉と野菜のタジン

● 代表的なクスクス料理

豆と野菜のクスクス

野菜のクスクス
ターメリックという香辛料で風味をつけたクスクス。

クスクスのサラダ　　クスクスを蒸す専用の2段重ね鍋。

そのほかのモロッコの料理

メルゲーズ
羊肉に香辛料をまぜ、羊の腸につめてつくったピリ辛ソーセージ。

ハリラ
レンズ豆、ひよこ豆や、トマト、ニンジン、タマネギなどをやわらかく煮こんだ、レモン味のきいた消化のよいスープ。食事の最初や軽食としていただくほか、ラマダン月の日没後の食事としてよく食べられている。ハリラには、オレンジの木でつくる特別なスプーンがそえられる。

もっと知りたい！
「地中海の食事」が無形文化遺産に

モロッコの料理は、イタリア、ギリシャ、スペインとの共同提案により、「地中海の食事」として2010年にユネスコの無形文化遺産に登録された。

右の図のような「地中海の食事」の、魚介類、穀類、乳製品、野菜、果物類などをバランスよくとり、油脂分は肉類から少量とオリーブオイルを中心としてとる栄養的な長所と、地域における健康的な生活、ゆっくりとコミュニケーションをとるといった食事スタイルが評価されて、登録された。

もっと知りたい！
ベルベル人の料理に欠かせないアルガンオイル

アルガンオイルは、広葉常緑樹のアルガンノキの種子からとれるオイル。アルガンノキはモロッコ南西部の一部の地方でしか自生しない木。ベルベル人は紀元前からオイルを採取し、伝統的にアルガンオイルを使ってタジンやクスクスなどの料理をつくってきた。アルガンオイルは大量採取できないことから珍重され、また近年は、オリーブオイルの3倍近いビタミンEをふくむなど、その栄養価と効能が着目され、化粧品となって海外向けに売り出されるようになった。

アルガンノキの果実。

モロッコ

さまざまな文化に影響されたモロッコの料理

モロッコ料理は、先住民のベルベル人のほかに、香辛料とともに中東からきたアラブ人、スペイン南部のアンダルシア地方からのがれてきたイスラム教徒や、ユダヤ教徒、1912年から1956年までこの地を保護領としたフランス人など、外からきたさまざまな民族の文化に影響されています。現在では、それらの料理は民族に関係なく、モロッコ人一般から広く愛されています。

モロッコでは、料理やお菓子にさまざまな香辛料が使われるため、市場（スーク）には、カラフルなタジン鍋とともに、さまざまな香辛料が売られている。

ホブズ
アラブ人のパンを総称して「ホブズ」という。平パンをはじめ、フランスのバゲットに似たパンなどさまざまな種類がある。

パスティラ
スペインのアンダルシア地方発祥の、伝統的にはハトの肉を使った甘いパイ料理で、粉砂糖をふりかけることもある。かつてモロッコの首都だったこともあるフェズの王さまの好物のひとつだったという。現在でもフェズを代表する料理。ハトのかわりに鶏肉を使うことも多い。

ブロシェット
「ブロシェット」はフランス語で「串」の意味。トルコのシシケバブ（→p24）や日本の焼き鳥によく似た肉の串焼き。モロッコでは、羊肉または鶏肉、牛肉をクミンや黒コショウなどの香辛料をもみこんで網焼きする。

シャクシュカ
シャクシュカは、タマネギやピーマン、トマトなどの野菜をクミンなどの香辛料とともに鉄のフライパンで炒めて、卵でとじた料理。モロッコをはじめ、チュニジア、アルジェリアなど北アフリカでよくつくられている。これらの地に住んでいたユダヤ人がイスラエルの建国時にもち帰ったため、今ではイスラエルでも朝食の定番メニューとなっている。

カタツムリ
小ぶりなカタツムリは、地中海沿岸で紀元前の昔から食べられてきた食材で、ローマ帝国時代には養殖場もあったと伝えられている。今でも南フランスやスペインでよく食べられている。モロッコでは、タイム、ミントなどの香辛料やハーブで味つけされ、定番の屋台料理のひとつとなっている。

モロッコ

● モロッコのお菓子とドリンク

モロッコでも厳格なイスラム教徒はお酒を飲みません。そのかわりに、お茶うけに甘いお菓子を食べます。とくにモロッコはアーモンドの特産地であるため、アーモンドを使ったお菓子がたくさんあります。

© Andy Dincher

ミントティー
モロッコではミントティーをよく飲む。中国産の緑茶をわかして、砂糖とミントをたっぷり入れるのがモロッコ流。

カーブ・エル・ガゼル
「ガゼル*の角」という名がついた、三日月形のクッキー。オレンジフラワー・ウォーターとシナモンで香りづけしたアーモンドペーストを包んで焼く。

*砂漠にすむウシ科の動物。

ムハンシャ
甘いアーモンドペーストを包んだ、うず巻きの形をしたお菓子。上から粉砂糖をかけることもある。

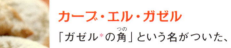

多くの屋台がならぶ、マラケシの旧市街にある広場。モスク(イスラム教寺院)の高い塔が目立つ。

© Grand Parc bordeaux, France

35

ナイジェリア

西アフリカに流れるニジェール川から国名がついた、ナイジェリア。約1億8000万人というアフリカ最大の人口をかかえ、近年は石油、天然ガス産業で経済発展してきました。

正式名称／ナイジェリア連邦共和国
人口／1億8200万人（2015年世界銀行）
国土面積／92万3773km²（日本の約2.5倍）
首都／アブジャ

言語／英語（公用語）、各民族語（ハウサ語、ヨルバ語、イボ語など）
民族／ハウサ、ヨルバ、イボなど（民族数は250以上）
宗教／イスラム教（北部中心）、キリスト教（南部中心）、伝統宗教（全域）

1 ナイジェリアの食文化

ナイジェリアは500近い民族がくらす多民族国家です。なかでもハウサ人、ヨルバ人、イボ人は三大民族とよばれ、それぞれが特色ある食文化をもっています。

生きた鶏も売られている市場。

伝統的な民族の食事

ナイジェリアでは紀元前5世紀ごろから文化が栄え、以後、2000年以上にわたって数かずの王国がきずかれてきました。15世紀からのポルトガル人、イギリス人による植民地時代を経て、1960年にイギリスから独立。

ナイジェリアの国土は、おおまかに北部、西部、中西部、東部の4つの地方に分けられます。三大民族のハウサ人、ヨルバ人、イボ人は大まかに住み分けがされていて、サバンナの広がる北部はイスラム教徒の農耕民ハウサ人、ギニア湾に面しているが内陸は熱帯雨林の多い南西部は、キリスト教徒が過半数の農耕民ヨルバ人、南東部はキリスト教徒が多く、本来は農耕民だが商業活動に長けたイボ人が多くくらしています。

ハウサ人の主食はアワやヒエ、トウモロコシなど

果物の青空マーケット。

でしたが、交易を通じて北アフリカ諸国とつながっていたため、クスクス（→p30）などの料理も食べます。一方ヨルバ人とイボ人は、ヤムイモやキャッサバを栽培して、伝統的な主食としてきました。

ナイジェリア

代表的なナイジェリア料理

広大な国土に多彩な民族の文化をもつナイジェリアでは、料理の種類も豊富です。多くのナイジェリア料理には肉が使われ、また、赤い色をしたパームオイル（アブラヤシの油）と、ピーナッツオイル、トウガラシなどの香辛料を使った濃厚な味の料理が多くみられます。

エグシスープ

エグシとは、メロンなどのウリ科の果実の種子のこと。エグシスープは、からをとったエグシをくだいて、肉や魚、野菜、パームオイルといっしょに煮こんだスープ。「フーフー」という、キャッサバなどの粉でつくる、おもちのような主食といっしょに食べる。

フーフー

モイモイ
ササゲ（白黒豆またはパンダ豆とも）の皮をむいてつぶし、バナナの葉またはよく似たエウエエランの葉に包んで蒸した料理。

オボノスープ
ねばりけのあるアフリカマンゴー（オボノ）の種子をくだいて、パームオイル、肉や魚介、葉野菜、トウガラシと煮こんだ料理。もともとはイボ人の料理だといわれている。

アカラ
ナイジェリア南部の料理。奴隷貿易*とともにブラジルのバイーア地方にわたり、現地では「アカラジェ」の名前で知られている。ササゲ（白黒豆またはパンダ豆とも）の皮をむいてつぶし、パームオイルで揚げる。西アフリカ全域にみられる料理だが、ヨルバ人のあいだでは、70歳以上の長寿を全うした人が亡くなったり、戦場にいった夫が勝利して帰還するなど、めでたいときに家族によってふるまわれる習慣があった。

オファダシチュー
パームオイルと肉または魚、いなご豆、青トウガラシなどでつくる、ナイジェリア西部の郷土料理。「アヤマセ」ともよばれる。オファダライスという茶色っぽい色をしたご飯をそえ、エウェエランというバナナの葉に似た葉を皿がわりにして食べる。

*15〜16世紀にアフリカを植民地としたヨーロッパ人が、アフリカの人びとを品物のように売買したことがあった。アフリカの人びとは奴隷にされ、アメリカ大陸に連れていかれ、働かされた。

スヤ
サハラ交易で伝わったと考えられる、シシケバブ（→p24）のナイジェリア版。北部の民族ハウサ人の料理だったが、現在ではナイジェリア全土で食べられている。牛肉、子羊肉、鶏肉や、それらの内臓を串にさし、トウガラシやタマネギ、ピーナツ粉の入ったマリネ液に漬けてから焼く。川や海に近い地域ではエビを串にさしたスヤもつくられる。トウガラシの辛さが特徴的で、西アフリカの各地に同様の料理が伝わっている。

その他のアフリカの食文化

アフリカにはイスラム教徒以外の人が多い国もたくさんあります。ここではそれらの代表的な国ぐにを紹介します。

1 エチオピア（正式名称　エチオピア連邦民主共和国）

アフリカ大陸東部の「アフリカの角」とよばれる場所の近くにあるエチオピアは、紀元前980年に建国されたという伝承のある国です。そして、アフリカのほとんどがヨーロッパ列強に植民地化されたなかで、数年をのぞいて独立を貫いてきた、まれな国でもあります。

● 緑豊かなエチオピア高原

エチオピアの国土のほとんどは、テーブルのように切り立ったエチオピア高原にあります。このエチオピア高原の地形は、長い歳月にわたって外部からの侵入者や自然の脅威から国を守ってきただけでなく、エチオピア独自の文化をはぐくんできました。

エチオピア高原は、赤道に近い位置にもかかわらず、平均標高が2300mもあるため、1年を通してすごしやすく、また降雨量の多い肥沃な土地にめぐまれています。さまざまな植物が育つ緑豊かな高原で、人びとは太古の昔から農耕、牧畜をおこなってきたのです。

また、エチオピアは、中東のアラビア半島に近く、昔からアラブと交易をおこなってきました。そのため、エチオピアの料理には香辛料がふんだんに使われています。なかでも欠かせないのは、「ベルベレ」という、トウガラシにさまざまな香辛料をまぜた調味料です。

ドロ・ワット
鶏肉（ドロ）やゆで卵を、ベルベレほかの香辛料で煮こんだ辛い料理。ワットはエチオピアの言語アムハラ語で「おかず」の意味。エチオピアには、さまざまな種類のワットがある。

その他のアフリカの食文化

エチオピアの食習慣

エチオピアの伝統的な食事は、朝食、昼食、夕食がはっきりと分かれていません。一日1食ということもありますが、軽食をひんぱんにとって空腹をおぎないます。食事にはナイフとフォークは使わず、右手で主食のパンをもって、おかずにひたしたり、包んだりして食べます。

エチオピアの代表的なパンは「インジェラ」といいます。生地は、テフというイネ科の植物の種子をひき、発酵させてつくります。インジェラは、大きな鉄板に生地を流し、クレープのように円形にうすく焼いたパンで、表面に気泡があり、うすい灰色をしています。

このインジェラとおかずをかこんで、家族や友人たちが円になって食事をしますが、そのときに友情や愛情のしるしとして、インジェラをちぎっておかずを包み、いっしょに食事をする相手の口に入れて食べさせてあげる習慣があります。この習慣は「グルシャ」とよばれ、男女関係なくおこなわれます。

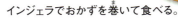

インジェラ
エチオピアの主食。

インジェラでおかずを巻いて食べる。

エチオピアの正教会の影響

エチオピアはキリスト教徒が国民の半分以上をしめ、なかでも、伝統宗教であるエチオピア正教会の食習慣が、食文化に深くかかわっています。エチオピア正教会は、エジプトのコプト正教会と同じ宗派に属し、クリスマスや復活祭の前などの肉断食をはじめとする細かい食習慣も共通しています。そのためエチオピアでは、他のアフリカ諸国以上に野菜や豆を使った料理が発達してきました。

野菜たっぷりのエチオピア料理。

イエス・キリストがヨハネから洗礼を受けたことを祝う「公現祭」に参加する、エチオピア正教会の司教。

2 タンザニア（正式名称　タンザニア連合共和国）

タンザニアは、コーヒーの銘柄として名高いアフリカ最高峰の山キリマンジャロや、野生動物の楽園であるサバンナ（草原地帯）のある、東アフリカの国です。大陸側のタンガニーカと、沖合のザンジバル諸島に大きく分かれ、それぞれ食文化がちがいます。

● イスラム食文化のザンジバル

タンザニアのザンジバル諸島や大陸沿岸部は、アラビア半島やペルシャ（イラン）との関係が深く、アラブの王侯（スルタン）が支配していた時代もありました。そのため、現在でもザンジバルの住民の9割がイスラム教の信者です。

ザンジバルの先住民は漁師が多く、サバやマグロ、ロブスター、イカなどの魚介類や、サツマイモ、キャッサバなどをおもに食べていました。アラブ人の香辛料貿易の拠点になったあとは、イスラム食文化の影響を受け、クローブをはじめとする香辛料や、果物、ナツメヤシの実（デーツ）、ペルシャに由来する米料理などがもたらされました。先住民と、外来のイスラム文化がまざったザンジバルや大陸沿岸部の文化を、「スワヒリ文明」とよびます。

また、ポルトガル、イギリスなどヨーロッパ人がこの地を支配していた時代のなごりで、彼らが召使いとして連れてきたインド人によるインド料理の影響もうかがえます。

そんなさまざまな文化に影響を受けたザンジバル島のストーンタウンのまちなみは、世界遺産に登録されています。

ヨーロッパとアラブがあわさったような景観のザンジバル島のストーンタウン。

● 代表的なザンジバルの料理

ピラウ
香辛料とココナッツミルクで炊いた、肉入り炊きこみご飯。ペルシャやアラブの影響の強い料理。

ウロジョ
大陸側では「ザンジバル・ミックス」とよばれている。香辛料入りスープの中に、ジャガイモ、バジアというインド発祥の天ぷらのような揚げ物、グリルした肉などいろいろ入った料理。

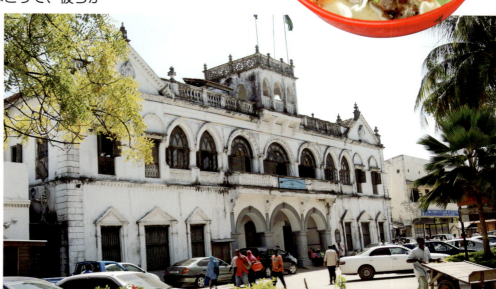

その他のアフリカの食文化

サバンナの広がるタンガニーカ

東アフリカには、マサイ、スクマなどたくさんの民族がくらしています。タンザニアの大陸内部では、伝統的に山羊、羊、牛の牧畜がおこなわれ、そのミルクや、雑穀、バナナが食べられてきました。家畜は財産だと考えられているため、牧畜民は家畜の肉を食べることはほとんどありません。

広いサバンナではキリンなどの野生動物を見ることができる。

もっと知りたい！
アフリカの生命の木「バオバブ」

タンザニアをはじめとするアフリカのサバンナ（草原地帯）には、バオバブとよばれるふしぎな木が自生している。バオバブは、サバンナにくらす人びとの生命の木ともいわれている。木の実や葉を食べるほか、幹は塩化物を多くふくむため、灰にして塩のかわりに使い、幹にたまった水を飲料水にするなど、さまざまに利用されている。

代表的なタンガニーカの料理

ウガリ / ムレンダ / ニャマ（肉）

ウガリとムレンダ
ウガリは、トウモロコシ粉を練ってつくる東アフリカの主食。ムレンダは、細かくきざんだカボチャの葉と、輪切りにしたオクラなどを煮こみ、塩のみで味つけしたもの。ウガリにからめて食べる。

マチャラリ
バナナと肉、ジャガイモを煮こんだ料理。タンザニアの内陸部では、甘くない調理用バナナをよく料理に使う。

ムシカキ
東アフリカ全域で食べられている肉の串焼き。バナナとカチュンバリとよばれる野菜サラダぞえ。

もっと知りたい！
世界に名高いキリマンジャロコーヒー

キリマンジャロ山域で栽培されているキリマンジャロコーヒーは、タンザニアが世界に誇るコーヒーのブランド名。タンザニアにコーヒー豆の農場ができたのは19世紀のことで、ドイツ人やギリシャ人によってはじめられた。当初は、栽培は失敗続きで、知名度も低かったという。しかし、コーヒー豆が大つぶで強い酸味と甘い香りをもつことから、しだいに人気をよぶようになった。

41

3 アンゴラ（正式名称 アンゴラ共和国）

アフリカ南西部にあるアンゴラは、15世紀から20世紀後半までおよそ500年間もポルトガルの植民地だった国。そのため現在も、食文化にポルトガルの影響がみられます。アンゴラはまた、豊富な天然資源を基盤に、近年、めざましい経済発展をとげています。

アンゴラの食文化

アンゴラの主食は、大まかに北部と南部でちがいがあります。首都ルアンダのある北部では、マニオク（キャッサバ）の粉を湯で練った「フンジ」が主食。南部ではトウモロコシ粉を練ってつくる「ピラオ」をよく食べます。ほかに米を食べることもあります。これらの主食を、シチューとともに食べます。

ピラオ（左）とフンジ（右）。

またアンゴラは、大西洋をはさんで同じくポルトガル領だったブラジルと食文化の交流があり、ブラジルのトウモロコシ粉を練ってつくる「フバ」や、ブラジルで国民食といわれるほど人気のある「フェイジョアーダ*」などの料理も食べられています。調理にはパームオイル（アブラヤシの油）をよく使いますが、ポルトガルの影響でオリーブオイルを使うこともあります。

音楽はアフリカでも主要な娯楽のひとつ。

フェイジョアーダ
肉類とインゲン豆を煮こんだブラジルの料理。アンゴラでもよく食べられている。

鶏肉のムアンバ
鶏肉とオクラ、タマネギなどをパームオイルで煮こんだシチュー。魚や他の肉を使ったムアンバもある。

魚のカルルー
生魚や干し魚、オクラ、トマトなどの野菜、コウベという苦みのある葉などとパームオイルでつくるシチュー。

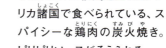

ピリピリ（ペリペリ）チキン
ポルトガルの植民地だったアフリカ諸国で食べられている、スパイシーな鶏肉の炭火焼き。ピリピリソースがそえられる。

*奴隷としてアフリカからブラジルに連れてこられた人たちに食べさせるために、主人の残した豚の耳や足、内臓などを豆とともに煮こんだのがこの料理のはじまりだといわれている。

その他のアフリカの食文化

4 マダガスカル（正式名称 マダガスカル共和国）

アフリカ大陸東側のインド洋に浮かぶ島国マダガスカルは、豊かな自然と、希少なサルをはじめとする野生動物の宝庫。アフリカとアジアの文化がまざり、フランスの植民地だったこともあり、フランスの影響を受けた食文化をもつ国です。

● マダガスカルの食文化

マダガスカルには、紀元前にインドネシアのボルネオ島から最初の移住者がわたってきたといわれ、マレー系の人びとの伝統を受けついで、今でも米を主食にしています。現在ではアフリカ最大の米の生産国であり、1人当たりの年間米消費量は、日本の倍もあるといわれています。マダガスカルではご飯のことを「バリ」といい、いろいろなおかずの汁をかけて食べます。

また、次にやってきたアラブ人やインド人は、香辛料やハーブ、野菜を島にもたらし、マダガスカルの伝統料理をさらに豊かにしました。一方フランス人は、キャッサバのほか、パイナップルをはじめとする果物、パン（フランスパン）など新しい食べ物を紹介しました。

マダガスカル島に広がる水田。

● 代表的なマダガスカル料理

バリ・アミナナナ
肉だんご入りのお粥のようなもの。

ラビトト
ココナッツミルクとキャッサバの葉、豚肉または干し魚や小エビを煮こんだ料理。

ソシッシィ・エナキスー・シャラマソ
豚肉や豆などの煮こみ料理。

じょうずに頭の上に荷物をのせて歩く女性たち。

5 南アフリカ（正式名称 南アフリカ共和国）

アフリカ大陸の最南端にある国・南アフリカは、先住民であるアフリカ人と、この地を植民地支配していたオランダ人、イギリス人と、彼らの召使いとしてやってきたマレー人、インド人らの多彩な民族の文化がまざりあった、独特の食文化をもつ国です。

● 先住民の料理

南アフリカの先住民であるコイサン人は草原にくらす遊牧民で、ウシ科のスプリングボックやダチョウなどの野生動物の狩猟をおこない、その肉を食べてきました。その後、北部からバンツー人が流入し、モロコシなどの穀物の栽培技術を伝えました。

15世紀にポルトガル人が喜望峰に到達してからは、彼らが南アメリカからもたらしたトウモロコシが主食に加わり、栽培がはじまりました。トウモロコシの粉を水で練った主食と、肉の煮こみを組み合わせた「パップ」は、南アフリカの先住民たちの代表的な料理です。

● ポルトガル人の南アフリカ料理

南アフリカ最南端の喜望峰を発見したのは、ポルトガル人。そのため、南アフリカにはポルトガル人の子孫もくらしています。

彼らの料理の代表格は、アンゴラやモザンビークに上陸して先住民から学んだ、辛い味のペリペリソースを使った「ペリペリチキン」です。

南アフリカの先住民の食事「パップ」。

スパイシーなペリペリチキン。

インド洋の温かい海水が大西洋の冷たい海水とぶつかるアフリカ最南端につくられた、絵にかいたように美しいまちケープタウン。

その他のアフリカの食文化

ヨーロッパの開拓者の料理

17世紀には、宗教的な理由などでオランダ、フランス、ドイツなどからキリスト教徒の開拓者が南アフリカにやってきて、ケープタウンに入植しました。彼らの話していたオランダ語が変化したアフリカーンス語は、英語とともに現在も南アフリカの公用語のひとつです。

彼らが受けついできた南アフリカの伝統的なバーベキューを「ブラーイ」といいます。ブラーイには、牛肉、ダチョウの肉のほか、「ブルボス」という、香辛料の入ったピリ辛のうず巻きソーセージが欠かせません。ブラーイは南アフリカのほか、ボツワナやナミビア、レソトなど近隣の国でも人気があります。

ブルボス

もっと知りたい！
ワインの生産

地中海性気候の南アフリカはブドウの栽培に適している。17世紀にオランダ人総督がブドウの木を植え、フランス人がはじめてこの地でワインをつくった。今では、南アフリカは世界的なワインの名産地として知られている。

スパイシーなケープ・マレー料理

オランダ東インド会社が設立したケープタウンを中心とするケープ植民地では、当時オランダ領だったインドネシア（マレー）出身の使用人が料理を担当したため、コリアンダーやクミン、ターメリック、シナモンなどの香辛料を使った料理が発達しました。これを「ケープ・マレー料理」といいます。

代表的な料理は、イギリスの「シェパーズパイ」がもとになった香辛料のきいたミートローフ風の「ボボティー」や、ドライフルーツと鹿肉のシチューなど。とくにボボティーは、今では南アフリカの国民食のひとつといわれるほど人気のある料理です。また、ケープタウンは海に面しているため、シーフード料理も豊富です。

ボボティー

インド系南アフリカ料理

19世紀には、ケープ植民地はイギリス領となり、今度は、イギリスの植民地だったインドから使用人が連れてこられました。現在も東海岸のまちダーバンは、住民の大多数がインド系の人びとで、四角い食パンをくりぬいてカレーを入れて食べる「バニー・チョウ」が名物です。

さくいん

あ

アーブグーシュト ……………… 7、9
アカラ …………………………… 37
アシュエアナー ………………… 9
アダナケバブ …………………… 24
アナトリア ……………………… 20、21
アラブ人 ……… 14、30、34、40
アルガンオイル ………………… 33
イスケンデルケバブ …………… 24
イスラム教………6、7、10、12、
　　　　　　13、14、16、17、
　　　　　　20、26、30、40
イフタール ……………………… 13
イボ人 …………………………… 36、37
インジェラ ……………………… 39
インディカ米 …………………… 19
ウガリ …………………………… 41
ウム・アリ ……………………… 17
ウロジョ ………………………… 40
エイシ …………………………… 27、29
エキメッキ ……………………… 18
エグシスープ …………………… 37
エチオピア正教会 ……………… 39
オスマン帝国………18、22、23、
　　　　　　　　24、25
オファダシチュー ……………… 37
オボノスープ …………………… 37
オリーブオイル……23、24、28、
　　　　　　　29、32、33、42

か

カーブ・エル・ガゼル ………… 35
海水淡水化プラント …………… 16
カタツムリ ……………………… 34
カナフェ ………………………… 17
カブサ …………………………… 15

カラマリ ………………………… 28
犠牲祭 …………………………… 13
喜望峰 …………………………… 44
キャッサバ………36、37、40、
　　　　　　　42、43
キャバーブ ……………… 7、8、11
宮廷料理 ………………………… 22
キリマンジャロコーヒー ……… 41
クーフテ・タブリージ ………… 9
クク・サブズイ ………………… 9
串焼き …………………… 8、24、34
クスクス………26、29、30、31、
　　　　　　　32、33、36
クリージャ ……………………… 17
ゲイメ …………………………… 9
ケープ・マレー料理 …………… 45
ケシケキ ………………………… 20
ケバブ …………………… 18、20、24
コイサン人 ……………………… 44
香辛料……8、14、15、16、24、
　　　28、29、30、31、32、33、
　　　34、37、38、40、43、45
紅茶 ……………………………… 11、17
コーヒー ………………………… 17、22
コシャリ ………………………… 29
コプト正教会………26、28、39
米 …………… 6、9、14、18、19、
　　　　　25、28、42、43
ゴルメ・サブズイ ……………… 9

さ

サウジ・シャンパン …………… 17
魚のカルルー …………………… 42
ザクロ …………… 7、9、21、27
サモサ …………………………… 16
サモワール ……………………… 11
サリード ………………………… 16

ザンジバル ……………………… 40
サンブーサ ……………………… 16
ジェズベ ………………………… 22
塩レモン ………………………… 31
シシケバブ ……… 24、34、37
シミット ………………………… 18
シャクシュカ …………………… 34
ジャポニカ米 …………………… 19
シャワルマ ……………………… 16、26
主食………6、18、36、37、39、
　　　　　41、42、43、44
シルクロード …………………… 19、25
白チーズ ………………………… 20、23
ストラッチ ……………………… 19、25
スヤ ……………………………… 37
創造都市ネットワーク ………… 25
ソハン・アサリ ………………… 11
そら豆 …………………… 11、14、29

た

ターメイヤ ……………………… 29
炊きこみご飯………6、8、9、10、
　　　　　　11、15、19、40
タジン …………………… 31、32、33
タルハナ ………………………… 21
タンガニーカ …………………… 40、41
断食 ……………………………… 13
チェロウ ………………………… 6、8
地中海の食事 …………………… 33
チャイ …………………………… 22
チョップ・シン ………………… 24
チョバン・サラタス …………… 24
デーツ …………………… 15、17、40
ドネルケバブ ………… 16、24、26
トマト………9、19、21、23、
　　　　　24、28、33、34、42

鶏肉（とりにく）·············· 7、8、11、12、
16、20、27、31、34、37、
38、42
ドルマ························· 19、23
ドロ・ワット····················· 38
ドンドルマ······················ 25

な

ナーン························ 6、8、9
ナイル川····················· 26、28
ナス················ 21、23、24、26
ナツメヤシ············· 13、14、15、
27、29、30、40
肉だんご·························· 9
肉断食（にくだんじき）········· 28、29、39
ノウルーズ···················· 10、11
ノグル··························· 11

は

ハーブ··············· 8、9、11、30、
34、43
パームオイル·················· 37、42
ハウサ人··················· 35、36、37
バオバブ························ 41
バクラバ························ 25
パスティラ······················ 34
バスブーサ······················ 29
バズラマ························· 18
バタータ························· 29
パップ··························· 44
ハト····················· 27、28、34
パトルジャン・サラタス············· 24
バナナ······················· 37、41
バニー・チョウ···················· 45
ハフト・スィーン··················· 10
ハマーム・マハシ··················· 28
ハムシのマリネ···················· 24

ハラール························· 12
バリ・アミナナナ·················· 43
ハリース························· 16
ハリッサ························· 31
ハリラ·························· 33
バルバリ······················· 6、8
バンツー人······················ 44
ひきわり小麦············· 19、21、28
ピスタチオ················· 7、11、25
羊肉················ 7、9、16、20、24、
26、31、33、34、37
ピデ··························· 18
ひよこ豆······ 7、9、16、21、23、
26、29、31、33
ピラウ······················· 19、40
ピラオ·························· 42
ピリピリチキン···················· 42
フーフー························ 37
フール・ムダンマス················· 29
フェイジョアーダ·················· 42
フェタチーズ····················· 23
豚肉（ぶたにく）··········· 7、12、16、20、
26、43
フムス······················· 23、26
ブルグル······················ 19、28
ブルボス························ 45
ブロシェット····················· 34
フンジ·························· 42
ベヤズ・ペイニル················ 20、23
ペリペリチキン··················· 44
ペルシャ帝国（ていこく）·············· 6、10
ベルベル人········· 30、31、33、34
ベルベレ························ 38
ホブズ·························· 34
ボボティー······················ 45
ホレシュ························· 8、9
ボロウ················· 6、8、9、10、11

ま

マームール······················ 29
マカローナ・ベシャメル············· 26
マチャラリ······················ 41
マルクーク··················· 14、16
マントゥ························· 24
ミントティー····················· 35
ムアンバ························ 42
無形文化遺産（むけいぶんかいさん）·········· 20、22、33
ムサカ·························· 23
ムシカキ························· 41
ムタッバク······················ 16
ムハッレビ······················ 17
ムハンシャ······················ 35
ムレンダ························ 41
メルゲーズ······················ 33
モイモイ························ 37
モロヘイヤ······················ 27

や

ヤムイモ························ 36
ユネスコ··········· 20、22、25、33
ヨーグルト········· 14、20、21、24
ヨルバ人······················ 36、37

ら

ライスプディング·········· 11、17、
19、25
ラバシュ······················· 6、14
ラビトト························ 43
ラフマージュン··················· 18
ラマダン·· 13、15、16、17、33
レンズ豆····· 9、10、21、29、33
ロクム·························· 25

わ

ワイン·························· 45

■監修・著
青木ゆり子
e-food.jp 代表。各国・郷土料理研究家。世界の郷土料理に関する執筆をおこなっている。2000年に「世界の料理 総合情報サイト e-food.jp」を創設。日本と海外をつなぐ相互理解・交流を目指し、国内外の優れた食文化に光を当てて広く伝えるために活動中。また、国際的ホテルの厨房で、60か国以上の料理メニューや、外国人客向けの宗教食ハラール（イスラム教）やコーシャ（ユダヤ教）、ベジタリアン等に対応する国際基準の調理現場を経験し、技術を習得。東京にある大使館、大使公邸より依頼を受け、大使館及び大使公邸の料理人として各国の故郷の味を提供。現在、世界5大陸200以上の国・地域の訪問を目指して、一眼レフカメラを片手に料理取材を続けている。

■編／デザイン
こどもくらぶ
稲葉茂勝
石原尚子
長江知子

※各国の人口や国土面積ほかの基本情報は、外務省のホームページ「世界の国々」（2016年12月）による。

■写真協力
金山麻美、青木ゆり子、
日通ペリカントラベルネット エジプト店、
Adaobi Okonkwo Founder Dobby's Signature、
© Photocente © san724—fotolia.com、
© Milonk © Rhea76 © Radiokafka
© A Sab © Vladimir Melnik
© Olena Danilelko © Russiangal
© Annapustynnikova © Tycoon751
© Nataliya Evmenenko © Jasna01
© Elzbieta Sekowska © Antonio Gravante
© Archeophoto © Tom Fakler © Pipa100
© Jochenschneider © Ppy2010ha
© Chuks I.Okoro © Paul Bringhon
© Rafa&Cichawa © Peter Wollinga
© Siempreverde22 © Jack malipan
© Adamgregor © Pierre Jean Durieu
© Abaraham Badenhorst ¦Dreamstime.com
フォトライブラリー
© tuahlensa © Ekaterina
© Fanfo © Gimas/Shutterstock.com

■制作
（株）エヌ・アンド・エス企画

しらべよう！世界の料理④　西アジア アフリカ　サウジアラビア トルコ エジプト ナイジェリア ほか　　N.D.C.383

2017年4月　第1刷発行

監修・著　青木ゆり子
編　こどもくらぶ
発行者　長谷川 均　　編集　浦野由美子
発行所　株式会社ポプラ社
　　　　〒160-8565　東京都新宿区大京町 22-1
　　　　電話　営業：03（3357）2212　編集：03（3357）2635
　　　　振替　00140-3-149271
　　　　ホームページ http://www.poplar.co.jp
印刷・製本　大日本印刷株式会社

Printed in Japan
●落丁本、乱丁本は送料小社負担でお取り替えいたします。
　小社お客様相談室宛にご連絡ください。
　【制作部】電話：0120（666）553　受付時間：月～金曜日　9：00～17：00（祝祭日は除く）
●本書のコピー、スキャン、デジタル化等の無断複製は著作権法上での例外を除き禁じられています。
　本書を代行業者等の第三者に依頼してスキャンやデジタル化することは、たとえ個人や家庭内での利用であっても著作権法上認められておりません。

47p 29cm
ISBN978-4-591-15366-6

「おいしい」の向こうにある、各国の風土や文化を学ぼう！

しらべよう！世界の料理 全7巻

❶ 東アジア
日本 韓国 中国 モンゴル

❷ 東南アジア
ベトナム タイ フィリピン インドネシア ほか

❸ 南・中央アジア
インド ブータン バングラデシュ ウズベキスタン ほか

❹ 西アジア アフリカ
サウジアラビア トルコ エジプト ナイジェリア ほか

❺ 北・中央・東ヨーロッパ
スウェーデン オーストリア チェコ ロシア ほか

❻ 西ヨーロッパ 北アメリカ
フランス スペイン ギリシャ アメリカ ほか

❼ 中央・南アメリカ オセアニア
メキシコ ブラジル ペルー オーストラリア ほか

監修：青木ゆり子（e-food.jp 代表）

小学校中学年〜中学生向き
各47ページ
N.D.C.383 A4変型判
図書館用特別堅牢製本図書

★ポプラ社はチャイルドラインを応援しています★

18さいまでの子どもがかけるでんわ
チャイルドライン®
0120-99-7777
ごご4時〜ごご9時　＊日曜日はお休みです

電話代はかかりません　携帯・PHS OK

18さいまでの子どもがかける子ども専用電話です。
困っているとき、悩んでいるとき、うれしいとき、
なんとなく誰かと話したいとき、かけてみてください。
お説教はしません。ちょっと言いにくいことでも
名前は言わなくてもいいので、安心して話してください。
あなたの気持ちを大切に、どんなことでもいっしょに考えます。